ŒUVRES D'ANDRÉ GIDE

Aux Éditions Gallimard

Poésie

LES POÉSIES D'ANDRÉ WALTER, *en frontispice portrait de l'auteur par Marie Laurencin.*

LES CAHIERS ET LES POÉSIES D'ANDRÉ WALTER, (« Poésie/Gallimard ». Édition augmentée de fragments inédits du *Journal*. Édition de Claude Martin).

LES NOURRITURES TERRESTRES.

LES NOUVELLES NOURRITURES.

LES NOURRITURES TERRESTRES *suivi de* LES NOUVELLES NOURRITURES.

AMYNTAS.

Théâtre

LES CAVES DU VATICAN. Sotie.

LES CAVES DU VATICAN. Farce en trois actes et dix-neuf tableaux tirée de la sotie. Édition de 1950.

LE PROMÉTHÉE MAL ENCHAÎNÉ.

PALUDES.

SAÜL. Drame en cinq actes. (« Répertoire du Vieux-Colombier ».)

LE ROI CANDAULE.

ŒDIPE.

PERSÉPHONE.

THÉÂTRE : Saül – Le Roi Candaule – Œdipe – Perséphone – Le Treizième arbre.

Suite de la bibliographie en fin de volume

LE RAMIER

Ce jeudi (28 juillet 1907) j'eus des citations au conseil d'arrondissement, c'était précisément la fête du Bouton ou chef lieu d'arrondissement. Rep. avait passé, son anniversaire, et durant la nuit. Musiques, illuminations, pétards, tout semblait s'étaler en son honneur. Après le dépouillement du scrutin du cas communal, eut à Bouton que nous allions dîner, avec l'aubergiste du Pape, le docteur Coulon et Fabra. Paysinet.

On nous servit des escargots et des tripes, dont je fis un début de manger; puis un nou?eaud poulet. Mais après l'événement de leur de peu de ceau... plus cuit que froid et les ... également cuites et ... en abondance. Et la table voisine ..?..?cent avec Raymond le chauffeur, les 3 autres lettres des ...., Baptiste, que B. avaient amenées aux auxestres, et qui venaient de rapports des autres communes, la ... heureux des élections. Cuisine à Baptiste, Ferdinand vous foira, et un ... très agréable et que je n'avais pas revue eue. Le hasard nous mettait près de Ferdinand; aussi allons-nous boire à dos. Senga, avec la musique, les ... portèrent sur la place, je ... sans trop d'hésitations, me poussent vers lui, s'appuya en passant aux bois sur son ..... Il sentit sans doute que j'y mettais quelque intention, car je ... bien qu'il ... murmu... ...?... en me tendant d'y ... avec ...?..., ... d'aller ... perdre dans la fête. Le docteur, Paysinet, l'aubergiste se tournèrent avec nous mais sans une discussion politique, je m'explain son ... qu'ils s'en aperçurent.

Le petit Coulon, le fils du docteur pour ..., je ... un fort d'avoir rédigé et ..?..? en essayant ... peut-être, ..., dans une ... cas autre ... Je le tris en ... et ..., et si joli à ... peindre. Ses grandes yeux ... c'est ... illuminés d'une manière ... d'elle. La ... l'y prenait

ANDRÉ GIDE

LE RAMIER

Avant-propos de Catherine Gide
Préface de Jean-Claude Perrier
Postface de David H. Walker

nrf

GALLIMARD

*Il a été tiré de l'édition originale de cet ouvrage
trente exemplaires sur vélin pur fil des papeteries Malmenayde
numérotés de 1 à 30.*

En frontispice : *Le Ramier,*
première page du manuscrit. Coll. part.

En page 20 : André Gide à Rome en 1909
photographié par Élisabeth Van Rysselberghe.
Coll. part.

© *Éditions Gallimard, 2002, pour la présente édition.*

Avant-propos

Dans les papiers de mon père, j'ai retrouvé une petite nouvelle érotique, datée de 1907, intitulée *Le Ramier*. Pour plusieurs raisons, d'amitié ou de moralité, Gide ne l'a pas publiée. Attiré par de nouvelles aventures et d'importants travaux, il a ensuite sans doute perdu de vue son texte. Quant à l'épisode qu'elle relate, il n'avait certes pas besoin de le voir publié pour s'en souvenir. Rien qu'à le lire, on sent son plaisir à le consigner.

Cette initiation amoureuse peut-elle encore nous émouvoir ? Certainement la connivence de l'un et de l'autre partenaire nous communique une sensation de fraîcheur et de poésie et la nouvelle transmet au lecteur l'émoi de la découverte érotique, la joie de la complicité, la victoire du désir et du plaisir partagés.

Je trouve ce petit texte plein de joie de vivre.

Toute perversité en est totalement absente. Il confirme qu'il est injuste et faux de parler de « comportements orgiaques » dans le cas de Gide. Cela ne lui ressemblait pas [1].

Voici donc un récit initiatique tout en nuances, pudique, alors qu'aujourd'hui les publications dont il y a pléthore placent volontiers en leur centre la sexualité la plus crue. N'est-ce pas là une raison supplémentaire de l'utilité de le publier ?

Catherine Gide
Printemps 2002

---

[1]. Pour citer deux publications récentes : Jean-Marie Rouart, *Une famille dans l'impressionnisme*, Gallimard, 2001, p. 102 ; Simon Leys, *Protée et autres essais*, Gallimard, 2001, *passim*. Que l'on relise ce passage de *Si le grain ne meurt* : « [Je] ne comprends le plaisir que face à face, réciproque et sans violence » ; « […] souvent, pareil à Whitman, le plus furtif contact [me] satisfait […]. » (In André Gide, *Souvenirs et voyages*, éd. Pierre Masson avec la collaboration de Daniel Durosay et de Martine Sagaert, Gallimard, « Bibliothèque de la Pléiade », 2001, p. 312.)

Gide ou l'éternelle jeunesse

Depuis l'été de 1907, sommeillait dans les papiers d'André Gide ce *Ramier*, retrouvé fortuitement par sa fille Catherine et que, pour notre plus grand plaisir, elle tint à faire publier. Un inédit absolu de Gide qui paraît presque un siècle après sa rédaction, voilà qui n'est pas banal. Comme — sur le mode mineur — *Les Faux-Monnayeurs*, il y a le texte du *Ramier*, l'histoire du Ramier, alias Ferdinand, et l'histoire du texte du *Ramier*. Ne manque que le *Journal du Ramier*... Gide affectionnait, on le sait, ces perspectives littéraires en abyme, qui s'enchevêtraient.

Le Ramier, donc, c'est une courte nouvelle (« sept feuilles assez grandes », note Gide dans son *Journal* le 1er août 1907), où il raconte cette extraordinaire nuit du 28 juillet qu'il vécut, à Bagnols-de-Grenade, non loin de Toulouse, dans la propriété de son ami Eugène Rouart, en compagnie de Ferdinand Pouzac, second fils d'un valet de ferme de Rouart[1]. Une nuit ? Plutôt quelques heures, puisque la soirée avait commencé par une fête à Fronton où Gide participa à la célébration de la victoire « haut la main » de Rouart au conseil d'arrondissement. (Eugène Rouart devait persister dans la carrière politique, et devenir sénateur de Haute-Garonne.) Ensuite, grâce à l'obligeance de son ami, Gide put s'échapper en compagnie de l'adolescent — Gide croyait Ferdinand âgé de quinze ans, il en avait en fait dix-sept —, et connaître entre ses bras, dans sa chambre, la volupté. Notons au passage que le charmant surnom de Ferdinand, le Ramier, par quoi les compères (Gide, Rouart et Ghéon) le désigneront toujours, lui fut donné « parce que l'aventure de l'amour le faisait roucouler si doucement dans la nuit », écrit Gide. Sans s'appesantir sur les circonstances de l'aventure elle-même, et son « érotisme plein de joie de vivre », comme dit Catherine Gide, on remarquera que Gide juge l'adolescent quelque peu déluré, lequel

---

1. Voir l'étude minutieuse de David H. Walker p. 33 du présent ouvrage.

lui fait des propositions explicites de fellation. « Je le retiens dans son geste, peu vicieux moi-même, et répugnant à gâter par quelque vilain excès le souvenir qu'allait nous laisser à tous deux cette nuit », écrit-il, effarouché. Gide, que d'aucuns décrivirent complaisamment comme un pervers suborneur, goûtait, on le sait, il l'a écrit à de nombreuses reprises, une pratique adolescente de la sexualité, se contentant du « plus furtif contact », avec des jeunes gens toujours consentants, voire entreprenants.

Toujours est-il que cette nuit du 28 juillet 1907 laissera à l'écrivain, presque quadragénaire (Gide est né en 1869), et déjà auteur d'une vingtaine de livres, dont certains majeurs (*Paludes*, 1895, *Les Nourritures terrestres*, 1897, *L'Immoraliste*, 1902), un souvenir ému et durable : « Bondissant et joyeux, termine-t-il, j'aurais marché durant des lieues ; je me sentais plus jeune de dix ans. » Dans une certaine urgence, il écrit le récit de cette nuit fondatrice — presque autant que sa rencontre, en 1895, en Afrique du Nord, avec le jeune Mohammed, et Gide, en 1910, après la mort de Ferdinand, rapprochera les deux épisodes —, d'une seule traite, mais non sans peaufiner son texte, ainsi que les passages biffés et les repentirs du manuscrit le démontrent. Si bien que, lorsqu'il regagne sa maison normande de Cuverville, le 1ᵉʳ août 1907, *Le Ramier* est achevé — et conservé sous enveloppe. Il le lira le 9 août à son ami Jacques Copeau, redoutant sa réaction. Celui-ci s'en dira, à son tour, ému.

De Ferdinand, il fut de nouveau question, entre Rouart, Ghéon et Gide, lorsque, malade, les deux premiers l'allèrent visiter à l'hôpital et prirent soin de lui. Et encore à sa mort, en 1910, on l'a vu. Et enfin en 1921, en marge du manuscrit de *Si le grain ne meurt*. *Le Ramier*, lui, aurait dû devenir un roman, notamment sous la plume d'Eugène Rouart. On ignore s'il l'a écrit. Mais il se peut que la nouvelle de Gide, dont il connaissait l'existence à défaut de l'avoir lue, ait ruiné son inspiration.

Son texte, Gide ne l'a jamais publié, lui qui pourtant n'avait guère coutume de conserver par-devers lui des inédits, y compris à caractère personnel. Peut-être que ce texte-là justement, exception à sa règle, il le considérait comme trop intime, trop « explicite ». Et peut-être a-t-il cédé aux conseils de quelques-uns de ses amis, comme le très prudent Roger Martin du Gard. Ce qui n'empêche que *Le Ramier* fit couler pas mal d'encre chez les essayistes et biographes. Ainsi le fielleux José Cabanis, dans *Dieu et la NRF*[1] et le chapitre consacré à Henri Ghéon commente-t-il longuement l'épisode. Claude Martin, lui, dans son *André Gide ou la Vocation du bonheur*[2], biographie dont on attend toujours la suite (il faudrait expliquer un jour cette « malédiction », pourquoi personne n'est encore parvenu à écrire le récit exhaustif et définitif de la vie de Gide, de sa naissance à sa mort en 1951, alors que sa jeunesse a été minutieusement étudiée, notamment par Jean Delay), mentionne l'épisode, et, dans une note, précise : « Gide a longuement [*sic*] raconté cette soirée avec le "Ramier" [...], 7 ff. restés inédits mais soigneusement mis dans une enveloppe jaune qui a été conservée (arch. Cath. Gide). » Toujours cette enveloppe jaune, tentatrice. On sent là la frustration, compréhensible, du chercheur.

Aujourd'hui, enfin, on peut découvrir *Le Ramier*, dans toute sa « fraîcheur » et sa « poésie », ainsi que l'écrit Catherine Gide. Oui, fraîcheur et poésie. On sait que, durant sa vie, Gide fut attaqué par

1. Gallimard, 1994.
2. Fayard, 1998.

des dizaines de tartufes, des bien-pensants de tous horizons, qui prenaient prétexte de ses mœurs, de ses confessions, pour vouer son œuvre à l'index et leur auteur aux gémonies. De nos jours, même, cette critique haineuse renaît parfois de ses cendres, sur fond de *political correctness*. Passons. Gide lui-même, poussé dans ses retranchements et blessé par un pamphlet ordurier — et courageusement anonyme — paru en 1931, écrivit à Martin du Gard ces lignes, que cite Claude Martin : « Pervertir la jeunesse ! Comme si l'initiation à la volupté était, en soi, un acte de perversion ! C'est, en général, tout le contraire ! On oublie, ou plutôt on ignore ce qui accompagne ces caresses, dans quelle atmosphère de confiance, de loyauté, de noble émulation, naissent et se développent ces sortes d'amitié !… […] Je puis me rendre cette justice : sur les jeunes qui sont venus à moi, mon influence a toujours été utile et salubre. Oui, ce n'est pas un paradoxe : mon rôle a toujours été *moralisateur*. Toujours, j'ai réussi à exalter ce qu'ils avaient en eux de meilleur ! Combien de garçons, engagés déjà sur de mauvaises pentes, ai-je ramenés dans le droit chemin, qui, sans moi, se seraient abandonnés à leurs instincts les plus vils, et se seraient définitivement dévoyés ! Combien de révoltés, de paresseux, d'hypocrites, de menteurs, ont écouté mes conseils, et pris goût au travail, à la droiture, à l'ordre, à la beauté ! Grâce, justement, à cette réciproque attirance, cette réciproque tendresse... »

Plaidoyer *pro domo*, peut-être, mais aussi confession émouvante d'un homme en proie aux attaques répétées de ses censeurs et qui, fait rare, s'explique, quoique en privé, sur ses relations. On oublie parfois combien Gide suscita, durant toute sa vie, de haines et de jalousies, presque autant que d'admiration et de ferveur. À l'aune de sa stature, de son influence sur des générations de lecteurs et d'écrivains. Il y a du Socrate dans ces lignes.

Il y a aussi, gidissime, ce retournement de situation, cette pose en défenseur de l'ordre et de la morale. Gide, trop protestant, n'était pas Genet. Gide n'a nul besoin d'être excusé, défendu.

Il s'agit là, simplement, de le lire. Découvrons donc ce fameux *Ramier* dans son authenticité. Gide et Ferdinand dans leur jeunesse éternelle. Non comme un archéologue exhumant un papyrus d'une tombe, mais comme un amateur ajoutant à ce déroutant puzzle litttéraire nommé « Œuvres complètes d'André Gide » la toute petite pièce qui y manquait. Depuis quatre-vingt-quinze ans.

Jean-Claude Perrier

Le Ramier

Juillet 1907 – Bagnols – Ferdinand –
Le Ramier

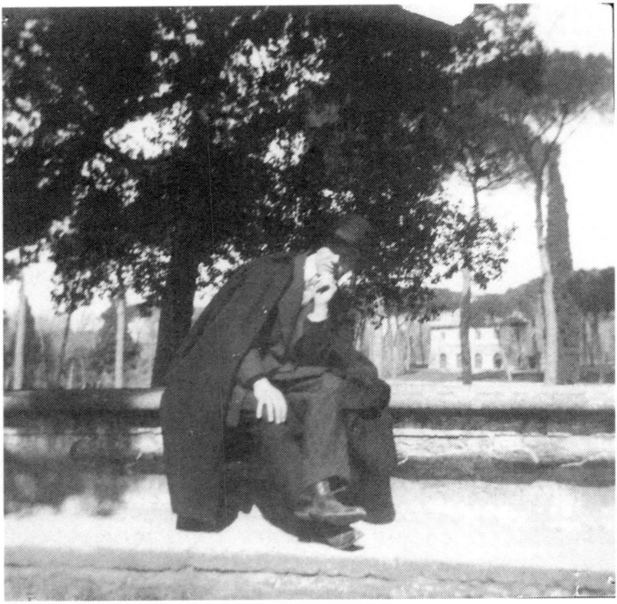

Ce jour-là (28 juillet 1907), jour des élections au conseil d'arrondissement, c'était précisément la fête de Fronton, le chef-lieu d'arrondissement. Eug[ène] avait passé, sans concurrents et haut la main. Musiques, illuminations, fusées, tout semblait éclater en son honneur. Après le dépouillement du scrutin de sa commune, c'est à Fronton que nous étions allés dîner, avec l'aubergiste Lafage, le docteur Coulon et Fabre, l'adjoint.

On nous servit des escargots et des tripes, dont je fis semblant de manger ; puis un insuffisant poulet. Mais après l'écrasante chaleur du jour, on avait plus soif que faim et les vins excellents coulèrent avec abondance. À la table voisine mangeaient avec Raymond, le chauffeur, les trois estafettes bicyclistes de choix que R[ouart] avait envoyées aux nouvelles et qui venaient de rapporter des autres communes le résultat heureux des élections. C'étaient Baptiste, Ferdinand son frère et un troisième, plus négligeable et que je n'avais pas encore vu. Le hasard me mettait près de Ferdinand ; nous étions presque dos à dos. Lorsque, avec la musique, des fusées partirent sur la place, je pus, sans trop d'affectation, me penchant vers lui, m'appuyer en posant ma main sur son genou. Il sentit sans doute que j'y mettais quelque intention, car je crois bien qu'il me sourit. Le dîner tirait en longueur ; il me tardait d'aller me perdre avec eux dans la fête. Le docteur, l'adjoint, l'aubergiste se lancèrent avec mon ami dans une discussion politique, je m'esquivai sans presque qu'ils s'en aperçussent. Le petit Coulon, le fils du docteur, qui rôdaillait autour de nous me suivit. Je craignais un peu d'avoir indisposé cet enfant, l'ayant un peu pressé huit jours avant, dans une course en automobile. Il fut tout au contraire très avenant, et s'offrit à me guider. La grande rue du village était illuminée d'une manière assez jolie. Le peuple s'y pressait et sur une sorte d'étroite place un orchestre médiocre faisait la musique qu'il faut pour danser. Tout abandonné contre moi, le petit Coulon me paraissait de gentillesse extrême ; et sans doute il n'aurait plus eu, si je l'avais entrepris, la retenue de l'autre jour.

Même, ce fut lui qui m'entraîna, un peu plus tard dans la soirée et, sous prétexte de fatigue, au premier signe vint s'asseoir tout près de moi sur les marches d'un escalier, un peu à l'écart de la foule et dans l'ombre ; cette joie m'eût suffi tout autre soir.

Mais la foule était attrayante et nous retrouvâmes bientôt le groupe des quatre jeunes gens du dîner. Raymond, d'une beauté régulière et trop faite pour plaire aux femmes, me laissait froid ; point Baptiste, ni surtout Ferdinand.

[*Biffé* : D'un an moins âgé que son frère, je l'avais mal vu ou mal regardé sur la ferme. À peine si je le reconnaissais. Certes, nous avions tous de la joie et du vin plein la tête ; cela l'embellissait-il vraiment ou le faisait-il paraître plus beau à mes yeux ?]

Baptiste avait seize ans ; Ferdinand un an de moins que son frère. À peine l'avais-je remarqué sur la ferme ; l'exaltation de la fête le transfigurait. Pourtant, ne voulant point marquer trop tôt ma préférence, je causais également avec eux quatre, les poussant à danser, proposant d'inviter pour eux ce qu'ils appelaient les gonzesses. Ferdinand portait un bouffant pantalon de toile qui, serré aux jarrets avec les courroies des sandales, lui donnait l'air d'un mamelouk. L'étroitesse de sa veste légère faisait valoir sa sveltesse. Je ne revois plus le chapeau qu'il avait, mais je me souviens qu'il rabattait en désordre ses cheveux demi-longs sur son front. Sa chemise, que laissait voir sa veste ouverte, était bleu sombre selon la mode du pays.

Je marchais au bras tantôt de l'un tantôt de l'autre ; à la faveur de la foule et de la nuit, j'osais plus. Et tout ce que j'osais ils le semblaient attendre, tant ils se prêtaient volontiers à ce qui n'était déjà plus de l'audace.

Le père Coulon, le docteur, vint me relancer. Brusquement le voici me taper sur l'épaule : « Eh bien, vous vous sauvez ! — Venez donc. » Etc. Je fais mine de le suivre, et m'évade.

Au détour de la rue, je vois dans la pénombre Raymond et Ferdinand, qui s'étaient certainement donné le mot, se retrouver et partir en courant dans la nuit. Un instant, mon plaisir fut troublé par cette inquiétude : où sont-ils ? que font-ils ?

Ce n'est que passablement plus tard que le petit Coulon me donna l'idée de les rechercher près de l'automobile. Celle-ci avait été garée dans la remise du docteur. En effet, voici Raymond et Ferdinand, occupés à remettre en marche. Je prends celui-ci à part, l'interroge : qu'était-il allé faire avec Raymond ? mais n'en peux rien tirer. Pourtant je n'ai point l'air farouche, et tout en questionnant, je caresse et de la main, et du sourire, et de la voix.

Nous partons. Volontiers je restais encore ; mais pourquoi ? Ferdinand nous suit. Je crains que l'auto ne soit trop vite, qu'il ne puisse tenir ; mais non ; vaillamment il active et même, aux côtes, prend de l'avance sur nous.

Cependant je raconte à R[ouart] ma journée : la rencontre de Jean Coulon au bord de la Garonne ; son mot dès ma première attaque : « Justement, le petit Touja, il allait me le faire. » — (Touja, François, est celui que nous avions surnommé « l'Abricot », à cause de son teint très hâlé ; c'est le plus jeune du troupeau de R[ouart]), quant à Jean Coulon, malgré sa bonne volonté, il est trop vert et ne m'excite guère que le cerveau ; néanmoins je goûtai près de lui grand plaisir. Plus vert encore et cependant fameusement formé, le petit Lazare, frère de Jean, que je cueille en passant sur un banc du jardin, lui tout étendu comme pour la sieste, mais l'œil ouvert polisson vicieux et sournois, me faisait courir depuis trois jours. Que de choses sur ce vaurien j'aurais à dire !

Ces deux-là dans le jour, le fils du docteur la nuit, m'avaient passablement épuisé. Il fallait pour retrouver encore des désirs cette occasion extraordinaire que la complaisance de R[ouart] allait faire naître. Peut-être Ferdinand lui-même y mettait-il un peu du sien. Car enfin, pourquoi nous accompagnait-il, lui, seul de la bande tandis qu'à Fronton son frère et ses amis continueraient à s'amuser ? Les jours derniers, Rouart avait fait de son mieux pour me procurer le plaisir. Un soir il avait fait venir l'Abricot ; un matin il m'avait amené le grand Jacques. Ce n'était pas à lui qu'il tenait que ces voluptés tout à la fois trop apprêtées et trop hâtives ne m'eussent que très mal rassasié. Je ne lui cachais pas que j'allais repartir de B. tout haletant, tirant la langue et misérablement inquiet. Voici donc ce qu'en parfait Candaule il arrange : devant s'attarder encore, avant de rentrer, sur sa commune et causer avec quelques électeurs influents, il quitte l'auto, donnant ordre au chauffeur de me conduire jusqu'au passage à niveau, à l'endroit dit « des trois ponts » ; il ajoute : « De là M. G[ide] pourra rentrer à pied ; Ferdinand l'accompagnera. »

J'aurais dû demander à Ferdinand s'il comptait là-dessus, ce qu'il attendait, ce qu'il voulait en nous suivant ainsi à bicyclette. Je regrette de ne l'avoir pas fait. Mais, dès que je me trouvai seul avec lui sur la route, toute idée s'échappa de ma tête et je n'y sentis plus que joie, qu'ivresse, que désir et que poésie. Quelque temps nous marchâmes sous de grands arbres. Il avait mis pied à terre et guidait sa bicyclette de la main. Il marchait tout contre moi, laissant ma main se poser sur son épaule ou sur ses hanches. Il avait le visage mouillé de sueur. Quand nous sortîmes de dessous les arbres, le clair de lune nous noya.

« Il fait beau. Il fait beau », répétait-il. Je le sentais, corps et âme, plus frémissant encore que moi-même et une grande tendresse succédait en moi à l'âpre fièvre de tout le jour. Nous marchions d'un pas très rapide car comme je pensais l'entraîner jusque dans ma chambre, il me tardait beaucoup de rentrer. Un instant pourtant je lui proposai de nous arrêter. Il posa sa bicyclette dans le fossé et nous nous accotâmes contre une meule. Comme ivre, il se laissa choir contre moi ; tout debout je le pressai dans mes bras. Il posa tendrement son front sur ma joue ; je l'embrassai. Il disait encore : « Comme il fait beau ! » puis, mes lèvres s'étant posées sur les siennes, il commença une sorte de râle très doux. On eût dit un roucoulement de colombe. « Rentrons, lui dis-je. Tu viendras dans ma chambre, veux-tu ? » — « Si vous voulez. » — Et nous voilà repartis sur la route.

Un instant il me dit : « C'est dommage qu'il n'y en ait pas. » (Je crois qu'il disait cela avant que ne nous nous fussions arrêtés contre la meule.) « De quoi ? » lui dis-je un peu inquiet. Je ne comprenais pas ; je pus croire un instant qu'il parlait de lui-même, de quelque particularité fâcheuse, de quelque manque et m'étonnais car déjà j'avais pu m'assurer qu'au contraire... « Vous savez bien », reprit-il. « Mais non, vraiment. Qu'est-ce que tu veux dire, qu'il n'y ait pas de quoi ? » — « Des filles. » Sans doute il disait cela pour moi, par manière, par tradition et parce que naïvement il pouvait croire que je le prenais comme pis-aller. « Je m'en passerai bien », lui dis-je, puis : « Tu as déjà été avec elles ? » Un peu confusément il répondit : « Des fois — pas souvent. » Sans doute, il eût mieux répondu : « jamais. » Son être, ses propos montraient une extraordinaire innocence et dont il avait devant moi un peu honte, et qu'il cherchait à me dissimuler. R[ouart] non plus ne l'avait pas encore approché ; et l'aventure de cette nuit était je crois pour lui d'une à peu près parfaite nouveauté.

Non loin de la maison, il jeta sa bicyclette dans un buisson. Je le fis attendre un instant devant la porte du vestibule, que je lui ouvris de l'intérieur, après avoir fait le tour du rez-de-chaussée, par la cuisine. Comme je me hâtais ! Qu'eussé-je fait si je ne l'avais plus retrouvé, là, dans la pleine clarté de la lune, derrière ce battant que j'entrouvrais doucement ? Bien que la maison fût toute vide, nous montâmes comme deux voleurs.

Nous voici dans la chambre ; nous voici sur le vaste lit. J'éteins la camoufle ; j'ouvre tout grand à la nuit, à la lune, la fenêtre et les volets.

« C'est ça ! on va se mettre à poil tous les deux ! » s'écrie-t-il d'un ton joyeusement gamin qui contraste étrangement avec son allure de jeune fille — lorsque je commence à le dévêtir. Rien ne dira la beauté de ce petit corps gris sous la lune. Engoncé dans son vêtement mal ajusté, je n'imaginais pas sa beauté. À peine un peu moins enfantin que le *Tireur d'épine*, sans gêne aucune et sans excessive impudeur, il s'offrait à l'amour avec un abandon, une tendresse, une grâce que je n'avais encore jamais connues. Sa peau hâlée était douce et brûlante, que je couvrais partout de baisers. Un instant il put se méprendre ; tout amusé : « C'est ça ! On va se t[ailler] des p[ipes] », dit-il. À son ton pourtant un peu tremblant, je me persuadai qu'il disait cela pour crâner, non par vice, mais par honte de son innocence et volonté d'aller jusqu'au bout. « L'as-tu déjà fait ? » lui demandai-je. « Non, jamais. Mais on m'a dit ce que c'était. » Je le retins dans son geste, peu vicieux moi-même, et répugnant à gâter par quelque vilain excès le souvenir qu'allait nous laisser à tous deux cette nuit. Je n'en ai pas connu de plus belle. Par instants, interrompant nos jeux, je restais, soulevé, penché vers lui, dans une sorte d'angoisse, d'ébahissement, d'éblouissement de sa beauté. Non, pensais-je, même Luigi à Rome, même Mohammed à Alger n'avaient pas à la fois tant de grâce avec tant de force, et l'amour n'obtenait pas d'eux des mouvements si passionnés et délicats.

Il est bien rare que, satisfait, je désire prolonger la veillée. Ici je ne pouvais me résoudre à l'adieu. « Je resterai tant que vous voudrez », me disait-il. Mais il devait reprendre son travail de bonne heure. Nous-mêmes devions partir en auto de grand matin. Puis j'avais peur que R[ouart] ne vînt à rentrer précisément comme Ferdinand sortirait dans la cour ; qu'il ne fût vu par le chauffeur… Il était plus d'une heure du matin.

Je le laissai partir. Je l'entendis descendre l'escalier, ouvrir la porte ; de la fenêtre du corridor je regardais ; je ne pus le voir traverser la cour.

R[ouart] rentra peu d'instants après. J'étais heureux de lui parler ; j'aurais crié mon bonheur à tout le monde. R[ouart] était fort exalté par mon histoire et par ce que je lui disais de celui que nous appelâmes bientôt « le Ramier » parce que l'aventure de l'amour le faisait roucouler si doucement dans la nuit. Il était tard. Nous nous quittâmes mais ni l'un ni l'autre nous ne pûmes dormir un instant. À quatre heures, nous nous levions. Nous eussions dû partir aussitôt. Mais mes occupations de la veille ne m'avaient point laissé le temps de préparer ma valise. Ce n'est que vers cinq heures qu'on put mettre en marche l'auto. Nous allions, après avoir déposé mon bagage à Toulouse, voir Paul Laurens dans la montagne Noire à la Galaube. La route fut admirable, mais bien plus longue que nous n'avions pu croire. Nous n'arrivâmes là-bas que vers une heure, pour déjeuner. Tout ce matin je gardais le corps et l'esprit extraordinairement dispos, pleins de verve, comme le lendemain de ma première nuit avec Mohammed à Alger. Bondissant et joyeux, j'aurais marché durant des lieues ; je me sentais plus jeune de dix ans.

Postface

I

LE RAMIER

André Gide vécut l'aventure amoureuse que raconte *Le Ramier* en juillet 1907, au cours d'un séjour chez son ami Eugène Rouart (1872-1936). Celui-ci, ingénieur agronome, exploitait un domaine important à Bagnols-de-Grenade, au confluent de la Garonne et de l'Hers, propriété qu'il avait achetée en 1902. Rouart et Gide se connaissaient depuis février 1893. Dès octobre 1893 une intimité véritable s'était établie entre les deux amis. C'est dans des lettres que Gide envoya à Rouart, au cours de ses voyages en Afrique du Nord (1893-1894, 1895), qu'il esquissa des pages des *Nourritures terrestres*. Le personnage de Ménalque, qui figure dans ce bréviaire lyrique, reparut dans *La Villa sans maître*, roman que Rouart fit paraître en 1898 et qui à son

tour sema le germe de cette « Vie de Ménalque »,
récit que Gide annonça lors de son compte rendu
du roman de son ami — et qui devait devenir *L'Immoraliste*[1].

Ces collaborations littéraires trouvèrent un
prolongement, ainsi qu'on le verra par la suite,
dans le « roman du Ramier » : car tel Ménalque,
les deux amis avaient en commun une attirance
pour les jeunes garçons. Déjà en 1896, Rouart
avait rejoint André et Madeleine Gide lors de
leur voyage de noces en Afrique du Nord, et y
avait joui, observé par Gide, des dernières
faveurs du jeune Mohammed. C'est auprès de
celui-ci que, l'an précédent, poussé par Oscar
Wilde, Gide avait connu une extase telle qu'il
s'était résolu à assumer son penchant pédérastique.

Le 1er août 1907, de retour à Cuverville, Gide
note dans son *Journal* le « mois de soleil » qu'il
vient de passer dans le Sud-Ouest, et écrit :

*J'ai raconté autre part et mis sous enveloppe (sept
feuilles assez grandes) (Bagnols — juillet 1907 —*

1. Voir André Gide, *Essais critiques*, éd. Pierre Masson, Gallimard, « Bibliothèque de la Pléiade », 1999, pp. 10-12.

Ferdinand — Le Ramier) — la belle soirée du 28 juillet[1].

Peu après il reçoit de Rouart une lettre où grâce au pseudonyme dont ils sont convenus, le futur sénateur de la Haute-Garonne peut se permettre une déclaration codée :

Je projette d'apprivoiser ce ramier, dont l'impressionnant roucoulement t'a ému l'autre jour ; je m'y appliquais dimanche ; c'est la première fois que je m'intéresse si fortement à un oiseau[2].

Gide, reparti la semaine suivante pour Saint Brelade, sur l'île de Jersey, s'y installe chez Jacques Copeau. Le 9 août celui-ci raconte que Gide lui lut :

[...] *quelques pages d'une narration de son séjour au Midi chez Rouart. C'est l'aventure exaltée qu'il eut avec un jeune garçon de là-bas, presque vierge, et qu'il nomme « le ramier » parce que la volupté arrachait de sa gorge une sorte de roucoulement. Aven-*

---

1. André Gide, *Journal 1887-1925*, éd. Éric Marty, Gallimard, « Bibliothèque de la Pléiade », 1996, p. 576.
2. Lettre de Rouart à Gide du 31 juillet 1907, inédite, conservée dans le Fonds Gide de la Bibliothèque littéraire Jacques Doucet.

ture telle qu'il n'en connut jamais de plus belle, de plus lyrique, de plus attendrissante, et dont il se trouva tout rajeuni.

Il ressort de ces remarques que Gide avait emporté de Cuverville, « sous enveloppe », ces pages écrites directement sous le coup de la nuit du 28 juillet. La réaction de Copeau mérite de retenir notre attention :

Loin qu'il m'inspire du dégoût, comme G[ide] semble le craindre, ce récit m'émeut ; il me trouble et m'inspire un passionné retour de souvenir sur mes voluptés passées[1].

Gide, qui comme on le sait avait coutume de porter longtemps en lui ses projets littéraires, avait pour une fois dérogé à ses habitudes : et grand bien lui en prit, car cela lui permit de devancer Eugène Rouart. Ce dernier, ayant peut-être eu connaissance du texte de Gide — sachant du moins que Gide l'avait rédigé —, se détermine lui aussi à coucher par écrit le contrecoup qu'il res-

1. Jacques Copeau, *Journal 1901-1948, première partie : 1901-1915*, éd. Claude Sicard, Éditions Seghers, 1991, p. 363, 9 août 1907.

sent de son propre rendez-vous avec Ferdinand. Le 11 août, après lecture d'un manuscrit qui ne paraît pas avoir été conservé, Gide expédie une lettre où il conseille à Rouart une esthétique qu'effectivement il vient de mettre en œuvre lui-même dans son propre « récit du Ramier » :

Ai bien reçu les deux feuilles de ton roman ; oserai-je leur reprocher de laisser la scène un peu vague ; les sentiments on les imagine aisément ; ce sont les menus faits qui importent, qui font le relief où s'accroche l'esprit ; irremplaçables ; ininventables. On ne sait trop où ça se passe, ni comment ; tu devrais, comme Flaubert fit à Rouen, oser situer les effusions que tu racontes dans un coin déterminé, de Toulouse, ou Bagnols... et sans qu'il soit nécessaire de le nommer... Mais, sans doute, tu en es déjà beaucoup plus loin. N'importe : ce que je te dis ici peut s'appliquer tout aussi bien ensuite[1].

Entre-temps, Rouart, si on en croit sa réponse du 16 août, s'est lancé dans la rédaction d'un roman, qu'il veut passionné. Grand sentimental,

---

1. Lettre de Gide à Rouart du 11 août 1907, inédite, conservée dans le Fonds Carlton Lake du Harry Ransom Humanities Research Center, Université du Texas à Austin.

pour lui l'œuvre littéraire est surtout le déversoir lui permettant de s'épancher. Il a d'ailleurs la conviction que les deux feuilles envoyées précédemment à Gide présagent un texte où il saura étoffer son inspiration restée à l'état de nébuleuse :

J'écris facilement, les mains déjà en train, et je commence [...] un roman dont le sujet me prend beaucoup ; je crois qu'il t'intéressera et que je suis fait pour exprimer les sentiments auxquels je pense pour l'instant[1].

Entraîné par le souvenir brûlant, il fit donc bénéficier Gide de la primeur de ce roman. À la lecture de ce texte effusif on comprend le bien-fondé des conseils de son ami et on apprécie d'autant mieux la précision du trait, la justesse concrète de l'évocation que l'on a lue sous la plume du futur auteur des *Caves du Vatican* :

Ils se retrouvaient à une aube d'été dans une auberge en ville, où ils furent enfin l'un à l'autre. C'était le dimanche désœuvré. F... avait encore les caresses de l'autre sur la peau ; ils se retrouvèrent encore deux fois,

1. Lettre de Rouart à Gide du 16 août 1907, inédite, conservée dans le Fonds Gide de la Bibliothèque littéraire Jacques Doucet.

un soir sous la nuit tiède dans une chambre aux fenêtres ouvertes, et une autre fois furtivement à un midi étouffant entre deux portes ; ce ne fut pas la moins belle rencontre, qui leur laissa une soif plus intense l'un de l'autre. En arrivant sa douce figure souriait, avec un regard [...] de côté. « J'allais vous retrouver », fut son premier mot. Il y eut une folle ardeur, des baisers, des caresses, de la tendresse, de l'ivresse, de la joie — et un bonheur de se connaître. [...]

Il y a des pages à écrire là — je t'en donne une vague idée[1].

Rappelons qu'à cette époque Gide passe par une période de stérilité. Il lutte pour retrouver l'entrain qui lui permettra de se réatteler à *La Porte étroite*. À la suite de *L'Enfant prodigue*, opuscule brillant qu'il avait rédigé « brusquement » en février et mars 1907 sous l'effet d'une inspiration soudaine[2], le « roman du Ramier » montre Gide donnant libre cours à une inspiration plus nettement pédérastique. Mais il sait que pour l'instant son manuscrit représente une impasse. Certes, il ne peut pas être question de publier un texte aussi

---

1. Lettre du 16 août 1907, *loc. cit.*
2. Voir André Gide, *Le Retour de l'enfant prodigue*, éd. Akio Yoshii, Fukuoka, Presses universitaires du Kyushu, 1992.

explicite. Il préfère, peut-être, s'en remettre dans l'immédiat aux autres pour ce qui est du travail de création de textes littéraires sur des expériences scandaleuses qui lui tiennent pourtant à cœur. On sait que, par suite de l'affaire avec Maurice Schlumberger qu'il partagea avec Henri Ghéon en 1904-1905, il encouragera en 1907 celui-ci à terminer son roman *L'Adolescent*[1]. Mais si Gide opte pour la prudence quant à ses propres projets corydonesques, il semble faire preuve d'une certaine inquiétude (et même d'une pointe de jalousie) à la pensée que Rouart pourrait gâcher l'inspiration qu'ils ont eue en commun. Fin août, il écrit de Saint Brelade :

Les quelques indications que tu me donnais sur ton roman de Ramier m'avaient d'abord beaucoup troublé. Ce n'est pas sans anxiété que je pense que, de retour à Bagnols, tu vas pouvoir te remettre à cette histoire. J'ai rarement tant souhaité de collaborer[2].

Le roman de Rouart, à supposer qu'il ait été complètement écrit, n'a jamais été publié. Rien ne

---

1. Henri Ghéon, André Gide, *Correspondance 1897-1944*, éd. Jean Tipy et Anne-Marie Moulènes, Gallimard, 1976, pp. 678-679.
2. Lettre de Gide à Rouart sans date (fin août), inédite, conservée dans le Fonds Carlton Lake du Harry Ransom Humanities Research Center, Université du Texas à Austin.

dit pourtant qu'on n'en retrouvera pas un jour la trace ; d'autres romans que Rouart a fait imprimer à un très petit nombre d'exemplaires (*Baudelaire et l'époque*, 1895) ou qu'il a conservés en manuscrit (*La Maison du bien-être,* 1902) attendent quelque part d'être exhumés... Pour l'instant, le court récit de Gide nous présente, de main de maître, le noyau de l'histoire.

*

Que savons-nous du personnage de Ferdinand qui a tant marqué Gide ? Une année après la rencontre capitale, nous savons que « le Ramier » est tombé malade : c'est ce que nous apprend une note manuscrite du dossier *De me ipse*, que Gide tenait à jour en vue de son autobiographie. Effectivement, le 22 août 1908, Rouart écrit à Gide : « Ferdinand a pris un bain d'une heure dans l'Hers et a un genou tout enflé de rhumatisme, je le soigne[1]. » Deux jours plus tard, la situation s'est aggravée. Dans une lettre datée du 24 août 1908, Gide lit :

---

1. Lettre de Rouart à Gide du 22 août 1908, inédite, conservée dans le Fonds Gide de la Bibliothèque littéraire Jacques Doucet.

Je sors de l'hôpital où j'ai dû conduire Ferdinand [...] : je reviens impressionné malgré l'amabilité des médecins, ce garçon a une enflure suspecte du genou — il avait l'air d'une victime, sa mère farouche ne voulait pas le laisser partir ; hier pendant mon absence on était venu les voir et leur mettre la tête à l'envers ; je ne connais rien d'émouvant comme de lutter contre l'effroi et l'ignorance de nos paysans — j'ai pu triompher et leur inspirer confiance mais ce n'a pas été facile.

[...] combien tu comprends ce sentiment qu'inspire le malade livré à la barbarie ; j'ai besoin de te dire mon émotion d'aujourd'hui. [...] Les sanglots de Philomène, la mère de Ferdinand, quand je l'ai pris dans mes bras pour le porter dans l'auto, je les entendais longtemps[1].

Le 5 octobre, Ferdinand est « toujours à l'hôpital », où il va mieux depuis deux jours, mais Rouart craint une rechute : « Ses parents sont ennuyés, les pauvres gens font peine à voir[2]. » À cette

---

1. Lettre de Rouart à Gide du 24 août 1908, inédite, conservée dans le Fonds Gide de la Bibliothèque littéraire Jacques Doucet. On croit savoir que l'épouse du père de Ferdinand, Rose Gauch, était morte à cette époque ; Philomène, que Rouart prend pour la mère du garçon, est, en fait, l'épouse de son oncle (ou cousin) Gabriel. (Voir *infra*.)
2. Lettre de Rouart à Gide du 5 octobre 1908, inédite, conservée dans le Fonds Gide de la Bibliothèque littéraire Jacques Doucet.

époque, Henri Ghéon est en visite à Bagnols, et les 19 et 20 octobre, au cours d'une longue lettre où figurent la plupart des personnages que l'on retrouve dans le « roman du Ramier », le docteur Ghéon raconte son passage à l'hôpital, pour annoncer que « le pauvre Ramier [...] va mieux. La jambe est encore raide. Il ne recouvrera pas tous ses mouvements mais il marchera ». Le « franc camarade » de Gide, qui voit « le Ramier » pour la première fois, ajoute : « T'avouerai-je que je fus un peu déçu par trop de blancheur, des regards trop beaux et la coiffure assez fâcheuse[1]. »

Dans la même lettre, Ghéon évoque en passant une visite aux parents du Ramier, sans préciser leur identité. Cependant une lettre de Rouart indique que Ferdinand est « le second fils de [s]on maître valet de La Mothe, Pouzac[2] ». Or, il existait à Grenade trois branches de la famille Pouzac, originaire de Promilhanes (Lot), d'où lors d'une période de forte émigration elles étaient arrivées à Saint-Caprais vers 1905. Ferdinand, né à Promilhanes en 1890, était en fait le premier fils de

---

1. Henri Ghéon, André Gide, *Correspondance, op. cit.,* pp. 705-706, lettre des 19 et 20 octobre 1908.
2. Lettre de Rouart à Gide du 24 août 1908, inédite, *loc. cit.*

Firmin Pouzac, époux de Rose Gauch. Deux autres Pouzac, Baptiste et Gabriel, étaient peut-être des frères ou des cousins de Firmin — Gide semble se tromper en voyant en Baptiste un frère de Ferdinand. Gabriel avait épousé Philomène Marie Laffon, mais ni lui ni Baptiste n'ayant d'enfants à cette époque (ce dernier devait devenir père le 10 juin 1912 d'un fils prénommé Firmin), les trois ménages habitaient la même maison au lieudit La Mothe, ferme du domaine de Bagnols qui se trouvait près du château de Rouart. Le second fils de Firmin, né le 15 août 1894, s'appelait Hippolyte ; un autre frère de Ferdinand, né le 21 avril 1902, portait le prénom de Gédéon[1]. Ce que l'on constate, c'est que, alors que Gide lui prête quinze ans en 1907, Ferdinand en a dix-sept.

La maladie de Ferdinand a-t-elle ému Gide ? Dans *De me ipse* il note laconiquement : « Voyage avec Rouart à Bagnols. Maladie du Ramier — Rouart affolé[2]. » Pourtant, le 3 septembre, Gide remercie Rouart de ses lettres qui, dit-il, lui « ont fait du bien ». Il avoue avoir eu « le cœur serré »

1. Je tiens à remercier M. André Rocacher qui m'a aimablement fourni ces renseignements généalogiques.
2. Inédit, Archives Catherine Gide.

avant de les recevoir[1]. La lettre que Rouart écrit le 5 octobre vise de même à tenir Gide au courant de la maladie, comme le fera la lettre que Ghéon écrira le 19 et 20 octobre : ce qui prouve que ses amis reconnaissent l'intérêt que Gide porte à la santé du garçon.

On trouve d'autres mentions du Ramier sous la plume de Gide, deux ans plus tard : le 7 avril 1910, âgé d'à peine vingt ans, Ferdinand Pouzac est emporté par la tuberculose qui le mine depuis 1908. En réponse à une lettre de Rouart qui n'a pas été conservée mais qui, selon toute vraisemblance, lui faisait part du décès, Gide écrit de Cuverville, le 9 avril 1910 :

Cher ami
Tu sais avec quelle douloureuse émotion j'ai pu lire ta triste lettre… Toutes mes pensées vont vers Bagnols, ce matin.
J'aurais voulu te rejoindre[2]*…*

---

1. Lettre de Gide à Rouart du 3 septembre 1908, inédite, conservée dans le Fonds Carlton Lake du Harry Ransom Humanities Research Center, Université du Texas à Austin.
2. Lettre de Gide à Rouart du 9 avril 1910, inédite, conservée dans le Fonds Carlton Lake du Harry Ransom Humanities Research Center, Université du Texas à Austin.

À la lumière de ce détail, on a peu de mal à déceler l'accent funèbre dans certain passage mélancolique du *Journal* où, revenu sur les lieux de l'idylle, Gide note :

Bords de la Garonne, 18 août. *Sentir voluptueusement qu'il est plus naturel de se coucher nu qu'en chemise. Ma fenêtre est grande ouverte et la lune donnait en plein sur mon lit. Je me souvenais avec angoisse de la belle nuit du Ramier ; mais, non plus dans le cœur ou dans l'esprit que dans la chair, je ne sentais pas un désir*[1]...

D'ailleurs ce n'est pas la première fois depuis la mort de Ferdinand que Gide tente de commémorer la « nuit du Ramier ». Peut-être faut-il voir un lien entre l'annonce de cette mort et une première esquisse, datée du 21 juin 1910, d'un épisode autobiographique capital. Gide rappelle le jeune Mohammed qu'il a connu en Afrique du Nord en 1895... « Depuis, chaque fois que j'ai cherché le plaisir, écrit-il, c'était courir après le souvenir de cette première nuit-là. » Et il conclut sur une parenthèse : « J'ai goûté la même eupho-

---

1. André Gide, *Journal, op. cit.,* p. 647.

rie, le même rajeunissement joyeux après la nuit du Ramier[1]. » Déjà, le garçon de Saint-Caprais occupe une place de choix dans le ciel intérieur de l'écrivain, où il rejoint le jeune Arabe. Et l'auteur restera fidèle à cette association : dans la version de *Si le grain ne meurt* qu'il met au point en 1921, à la fin du paragraphe où, se rappelant Mohammed, Gide évoque la « légèreté de l'âme et de la chair » qui suivit l'initiation homosexuelle avec celui-ci[2], le manuscrit conserve la mention : « J'ai goûté la même euphorie, après ma nuit avec "le Ramier[3]". » En définitive, cette deuxième réminiscence n'aura pas sa place dans l'autobiographie, dont la chronologie s'arrête, comme on le sait, en 1895. Mais il est évident que le « roman du Ramier » a servi à sauvegarder de l'oubli un compagnon dont Gide tenait à perpétuer la mémoire.

---

1. André Gide, *Souvenirs et voyages, op. cit.*, p. 1113.
2. *Ibid.*, p. 310.
3. *Ibid.*, p. 1184.

II
ANDRÉ GIDE ET EUGÈNE ROUART : ASSUMER L'HOMOSEXUALITÉ

C'est dans *Les Faux-Monnayeurs* qu'André Gide évoque le dilemme de l'artiste qui cherche à réaliser une œuvre littéraire en donnant libre cours à son inspiration la plus intime : « Heureux qui peut saisir dans une seule étreinte le laurier et l'objet même de son amour », fait-il dire au romancier Édouard[1]. Gide, lui, a bien réussi cette gageure de créer des ouvrages où s'expriment ses goûts homosexuels ; il a, de plus, raconté sans ambages comment il a découvert sa pédérastie, notamment dans *Si le grain ne meurt*. *Corydon* présente ses revendications quant au statut naturel de ses penchants. Pour ce qui est des détails de son activité érotique, il n'est que de recourir à la *Correspondance Gide-Ghéon* ; par ailleurs, le fidèle Roger Martin du Gard a noté maints aveux sur les aspects physiologiques et autres de la sexualité

1. *Les Faux-Monnayeurs*, dans André Gide, *Romans, récits et soties, œuvres lyriques*, Gallimard, « Bibliothèque de la Pléiade », 1958, p. 1003.

gidienne, qu'il s'est arrangé par la suite pour rendre publics[1]. De tout cela ressort le portrait d'un homme bien convaincu, bien à l'aise vis-à-vis de ses penchants et de ses pratiques amoureuses. Pourtant, il faut se rappeler qu'il s'agit ici d'un *corpus* de textes composés après coup : Gide y reconstitue rétrospectivement l'histoire de sa sexualité. Reste à savoir comment il a pu réagir sur le moment ; comment il a pu vivre et assumer au jour le jour les réalités de ce trait fondamental de sa nature. À cet égard, l'amitié entre André Gide et Eugène Rouart a été de première importance. Le fils du célèbre collectionneur et industriel Henri Rouart avait grandi à Paris, où il fréquentait les cénacles littéraires et les salons artistiques. C'est ainsi que Rouart et Gide ont fait connaissance, en février 1893.

À cette époque, Gide élaborait le projet de faire un voyage en Espagne avec son meilleur ami du moment, Pierre Louÿs : son intention était d'« ouvrir à tous événements toutes les portes[2] ». Toutefois, il n'avait pas une entière confiance en Louÿs

---

1. Voir Roger Martin du Gard, *Notes sur André Gide*, Gallimard, 1951.
2. Jean Delay, *La Jeunesse d'André Gide*, vol. 2, Gallimard, 1957, p. 219.

pour cette aventure en commun. Début février, il lui écrit : « À la première femme accostée tu ne te soucieras plus de moi[1]. »

On sait que Louÿs lui-même a fini par renoncer à accompagner son ami, et cela a été peut-être pour le mieux... Le fait est qu'il manquait à Gide un interlocuteur attentif et fiable pour ce qui était de ses appétits sexuels. C'est là l'importance de Rouart : et la correspondance entre les deux amis, quelque huit cents lettres, dont une édition est en préparation, constitue un témoignage capital sur la façon dont les homosexuels pouvaient apprendre à reconnaître, à réaliser et à revendiquer leurs désirs, dans une société encore loin d'être permissive à leur égard. Cela est d'autant plus vrai que les circonstances, ainsi que la nature du rapport entre ces deux amis, provoquent des échanges épistolaires particulièrement significatifs. La légère différence d'âge fait que l'un passe par des expériences que l'autre est peut-être un peu mieux placé pour éclairer, à la lumière de son expérience relativement plus importante. Ce n'est pas pour rien que certains passages des

---

1. Lettre de Gide à Louÿs, 4 février 1893, citée dans Delay, *op. cit.*, p. 219. C'est le même jour, semble-t-il, que Gide fait connaissance avec Rouart.

Nourritures terrestres, notamment la célèbre « Lettre à Nathanaël », se trouvent avoir été ébauchés dans les lettres que Gide écrit à Rouart.

De l'Espagne où — malgré tout — il voyage avec sa mère en mars 1893, Gide écrit à son nouvel ami :

Je suis à Séville où j'éclos — si heureux que je ne suis même plus trop triste ; la beauté de la race m'affole, et l'odeur des fleurs d'orangers. Je ne vous oublie pas[1].

Jean Delay cite ce texte, indiquant qu'il s'adresse « à un ami » ; mais — lapsus autrement plus important — le premier biographe de Gide substitue le mot « ville » là où Gide avait écrit « race[2] ». Cette modification capitale donne à la phrase une signification bien éloignée de ce que Gide entend : et l'erreur se révèle d'autant plus trompeuse lorsqu'on s'aperçoit qu'il s'agit d'une remarque qui touche à l'essentiel.

Car, sept mois plus tard, en arrivant en Afrique du Nord, au cours de la première étape de ce

---

1. Lettre de Gide à Rouart, « Séville, Jeudi saint » [*30 mars 1893*], inédite, conservée à la Bibliothèque nationale de France.
2. Jean Delay, *op. cit.*, p. 222.

voyage qui verra s'enclencher sa véritable émancipation, Gide écrit à Rouart :

La beauté des races ici vous emplit d'une exaltation vaguement érotique, mais plutôt encore lyrique ; je fais des vers tout le long du jour. On voit dans les rues, sur les places, des Soudanais superbes, tout noirs ; et nous songeons au pays du centre où s'élèvent les petits nègres[1].

À quoi Rouart répond :

Ce que vous me dites de la beauté des races me fait frémir ; en dehors de tout vice la beauté de la race arabe est dit-on attirante, c'est terrible, nous n'avons pas assez, je ne sais pourquoi, causé de ces choses de vive voix, pour que je me risque à vous en parler par lettre, peut-être nous comprendrions-nous mal, ce qui serait pire[2].

Voilà donc un sujet dont les deux amis n'ont pas pu s'entretenir jusqu'ici, et dont par consé-

---

1. Lettre de Gide à Rouart, « Tunis, 4 nov[embre] 93 », inédite, conservée à la Bibliothèque nationale de France.
2. Lettre du 8 novembre 1893, inédite, conservée dans le Fonds Gide de la Bibliothèque littéraire Jacques Doucet.

quent il restera des traces écrites. Le 24 novembre, Gide répond à son tour, adoptant d'emblée le tutoiement :

Je savais bien qu'en te parlant de races belles j'allais éveiller en toi quelque sursaut. Je m'amuse d'avoir si bien prévu et de te connaître ainsi plus profondément que tu ne t'en doutes[1].

Voilà qui nous permet de supposer que l'expression la « beauté des races », utilisée dans la lettre écrite de Séville, constitue de la part de Gide un geste codé, en quelque sorte, destiné à sonder son correspondant et à provoquer précisément l'aveu que l'on vient de lire. Gide pour sa part continue :

Oui certes c'eût été intéressant de parler de cela avant notre séparation — d'autant plus que ce le sera peut-être beaucoup moins après ; c'eût été fort intéressant, car malgré tes appréhensions, j'ai la complète certitude que nous nous serions entendus aussi bien sinon mieux que sur n'importe quoi d'autre. Et

---

1. Lettre de Gide à Rouart du 24 novembre 1893, inédite, conservée à la Bibliothèque nationale de France.

j'aurais pu t'écrire alors, ayant causé, des choses de ce voyage que je n'ose te raconter à présent, malgré que j'en aie grande envie.

Quant aux « choses de ce voyage que je n'ose te raconter à présent, malgré que j'en aie grande envie », nous pouvons être à peu près certains que Gide fait allusion ici à ce qu'il appellera dans *Si le grain ne meurt* un « petit épisode dont le retentissement en moi fut considérable », épisode qui a eu lieu un ou deux jours auparavant sur les dunes de Sousse, où le garçon Ali, « nu comme un Dieu », s'offrit à Gide « dans la splendeur du soir[1] ».

Le 6 décembre, Rouart recevra le tutoiement non sans quelque hésitation : toutefois il déclare avoir relu *La Tentative amoureuse*, qui vient de paraître en librairie. En indiquant qu'il comprend mieux à présent l'ambivalence de ce texte à l'égard du désir sexuel, il rappelle que Gide et lui avaient bien eu, à Paris, le 5 ou le 6 octobre, juste avant de prendre ensemble le train pour Montpellier, une conversation peu concluante au cours de laquelle ils devaient esquiver le sujet.

1. *Si le grain ne meurt*, dans André Gide, *Souvenirs et voyages*, *op. cit.*, pp. 279-280.

Je l'ai relu l'autre soir, j'ai ainsi assez bien revécu l'étonnante soirée de Paris, pendant laquelle nos indécisions nous ont tant rejoints, j'ai aussi retrouvé ton livre à mon gré[1].

Tout de suite après ces lettres, la maladie pulmonaire de Gide suspend la correspondance pour quelques semaines. Lorsque Gide reprend la parole épistolaire, il adopte à nouveau le « vous » par déférence pour la timidité de Rouart ; cependant, en regardant en arrière pour considérer la façon dont sa convalescence lui a renouvelé les sens et élargi l'esprit, il remarque :

Vous êtes un de ceux qui eussiez le mieux compris mes pensées d'alors, trop graves ou dévergondées ; voilà pourquoi je vous souhaitais sans cesse[2].

Rouart, en revanche, s'affligera à présent du retour au vouvoiement ; et d'une façon qui se

---

1. Lettre de Gide à Rouart du 6 décembre 1893, inédite, conservée dans le Fonds Gide de la Bibliothèque littéraire Jacques Doucet.
2. Lettre de Gide à Rouart, « Biskra, 6 janvier [1894] », inédite, conservée à la Bibliothèque nationale de France.

révélera caractéristique, il fait voir à Gide quel soulagement il éprouve à avoir découvert quelqu'un qui le comprend, à qui il peut se confier. Au mois de mai 1894, il va jusqu'à écrire :

Maintenant je crois déjà t'avoir dit (en tout cas je te le redis aujourd'hui) toute ma profonde amitié pour toi, que j'ai aimé dès l'abord parce que tu étais un point attendu de mon âme ; un point repère venu à temps[1].

Gide n'est pas plus tôt de retour en Europe qu'il s'ingénie à introduire Rouart dans le circuit de ses autres amis. À cette fin, il organisera une grande réunion à La Roque. C'est ainsi que Gide et Rouart passeront ensemble une quinzaine de jours, à la mi-août 1894. Delay constate : « On ne sait presque rien sur cette quinzaine d'août à La Roque, pour la bonne raison que les correspondants habituels d'André Gide étaient auprès de lui[2]. » Pourtant, on peut penser que Rouart devait y être en vedette. Et il est de fait que l'on retrouve des échos de cette période dans plusieurs lettres.

---

1. Lettre de Rouart à Gide du 24 mai 1894, inédite, conservée dans le Fonds Gide de la Bibliothèque littéraire Jacques Doucet.
2. Jean Delay, *op. cit.*, p. 349.

Gide écrira à Madeleine par exemple, le 23 août 1894 : « Avec Rouart, au début du séjour, nous en étions encore à chercher à nous plaire — à présent c'est fini, c'est fini, avec Rouart [...] il ne s'agit vraiment plus de se plaire ; nous sommes à présent vraiment déjà bien plus haut que cela[1]. » Les deux amis rentrent ensemble à Paris, et, le mois suivant, Gide écrira à Rouart :

Je me souviens de certaines conversations (nous passions sur le pont de La Roque) où nous mettions au-dessus de tout le reste, de toute l'histoire intime des sens, la nécessité vis-à-vis de soi-même de mener sa vie tout entière d'une façon belle et seyante. Ce jour-là tu m'as plu jusqu'au fond de ton âme, qu'il m'a semblé qu'alors j'entrevoyais[2].

Pour sa part, dès le 21 août, Rouart avait écrit pour remercier Gide de ce « séjour à La Roque ; parce qu'il [les] a fait presqu'entièrement connaître l'un à l'autre ». Suivent, dans cette lettre, quelques remarques très révélatrices :

1. Lettre citée dans André Gide, *Correspondance avec sa mère, 1880-1895*, éd. Claude Martin, préf. Henri Thomas, Gallimard, 1988, p. 723.
2. Lettre de Gide à Rouart du 23 septembre 1894, inédite, conservée à la Bibliothèque nationale de France.

> *Mais sur tout cela le souvenir de nos causeries domine ; que de choses apprises, tristesses et joie, même en ce que je te découvris si pareil à moi ; non pas tristesse de te savoir quelqu'un pareil à moi (je vaux mieux qu'une telle pensée), mais tristesse de te savoir, toi mon ami, aussi inquiet, aussi tourmenté, aussi irrésolu que moi-même ; — et joie un peu égoïste de voir qu'enfin je trouvais quelqu'un avec qui mon amitié n'avait rien à craindre et à qui je pouvais tout dire ; [...] nous pourrons et saurons nous soutenir dans la vie*[1].

La suite de cette lettre est faite d'une longue confession des luttes que Rouart a dû mener pour faire face à ses désirs confus. « Inquiet », il l'est sans doute ; « tourmenté », aussi ; mais par-dessus tout il se montre « irrésolu », car il s'interroge justement pour savoir quelle est son orientation sexuelle. La question, semble-t-il, est loin d'être réglée, car il sait qu'à son retour en ville il se trouvera à nouveau confronté à des dilemmes qu'il redoute :

1. Lettre de Rouart à Gide du 21 août 1894, inédite, conservée dans le Fonds Gide de la Bibliothèque littéraire Jacques Doucet.

Mais je sais que je veux lutter encore jusqu'à une guérison, ou alors jusqu'à l'abandon à une autre direction [...].

J'aurai un peu honte cependant de cheminer dans le chemin de tous, avec un écart, quand impérieux le voudrait un désir ; — mais j'espère échapper à cela, ce serait la manière d'agir que je me pardonnerais le moins.

Derrière les euphémismes d'une autre époque, se profilent des problèmes dont Gide mettra vingt ans à se préparer à parler ouvertement. Manifestement, Rouart est déchiré entre le souhait de vivre « normalement » et la crainte que, ce faisant, il ne sacrifie sa propre nature. En même temps, il signale sa volonté de ne pas « supprimer la morale ; mais simplement apaiser de trop grandes inquiétudes ». Il est évident, néanmoins, que la dimension morale intensifie une inquiétude physiologique qui déjà le tourmente.

Le principal est de pouvoir, d'une époque donnée et proche, vivre normalement ; — alors on sait ce qu'on a et ce qu'on n'a pas ; — ce que l'on veut et ce que l'on ne veut pas ; — il ne faut pas qu'il puisse y avoir de regret.

En attendant de pouvoir résoudre ces questions une fois pour toutes à force de volonté, il se méfie de l'imprévu, des hasards de la vie qui risquent de déjouer ses efforts ; et il est hanté surtout par un spectre que l'on suppose être celui de la masturbation, les « mauvaises habitudes » qui avaient inspiré *Les Cahiers d'André Walter* et dont *Si le grain ne meurt* fera une chronique moins voilée.

À partir de ce moment, Gide comme Rouart se déterminent à explorer les conséquences pour l'un comme pour l'autre des impulsions homosexuelles qu'ils ont en commun. Leur correspondance de l'automne et de l'hiver 1894 est cruciale à cet égard. Déjà dans la lettre que nous venons de citer, Rouart se montre craintif en ce qui concerne un livre qu'il sait que Gide a emporté avec lui à La Brévine, où celui-ci a décidé de continuer sa convalescence.

Je ne te crois pas assez fort pour le lire encore, j'imagine, moi, qu'il me ferait grand mal, j'en pense de même pour toi.

Il s'agit d'un livre d'Albrecht Moll traduit de l'allemand sous le titre *Les Perversions de l'instinct génital. Étude sur l'inversion sexuelle basée sur des documents officiels*. La traduction française venait de paraître en 1893, et son prospectus publicitaire avait attiré les foudres de la Société de protection contre la licence des rues, qui avait poursuivi en justice l'éditeur pour outrage aux bonnes mœurs[1]. L'attitude de Rouart révèle combien il trouvait difficile le simple fait d'aborder les questions que ce livre se proposait d'examiner.

On peut mesurer par contraste le courage moral de Gide, à la façon dont, au contraire de Rouart, il considère ces questions avec équanimité, même à ce moment où sa libération n'en est qu'à ses débuts — rappelons qu'il devra attendre neuf mois encore avant l'initiation décisive, en compagnie de Wilde. Sa réponse, datée de Saint-Moritz, le 5 septembre 1894, à la lettre angoissée que Rouart avait rédigée le 21 août, débute par les remarques suivantes :

---

1. La quatrième édition du livre, contenant des extraits des actes du procès qui s'était déroulé entre le 12 et le 19 juillet, avait paru à Paris, chez Georges Carré, en 1893.

À cette lettre je ne répondrai pas. J'aime mieux causer de ces choses que d'en écrire ; maintenant nous nous connaissons profondément ; nous nous reconnaîtrons toujours ; en attendant un revoir où nous recauserons de ce qui nous plaira, m'est avis qu'il faut se dépêtrer tout seul dans le bazar des préceptes de morale.[1]

Cependant il invite Rouart à lui écrire librement sur ces questions s'il en a envie ; il sera peut-être amené à les reprendre lui-même, le cas échéant. Mais, pour l'instant, il tient surtout à dissiper un malentendu de la part de son correspondant :

Tu t'es d'ailleurs mépris un peu, il me semble, dans ton excellente lettre […] sur les inquiétudes que je pouvais avoir. Tout cela je t'assure est du passé passé — je n'ai plus ou presque plus de troubles et d'inquiétudes — voilà peut-être ce qui me fait peu désireux d'agiter à nouveau ces questions de physiologie transcendante. Je vais vraiment il me semble aussi bien que l'on peut aller avec de véhéments désirs.

---

1. Lettre de Gide à Rouart du 5 septembre 1894, inédite, conservée à la Bibliothèque nationale de France.

Quant au « livre secret », Rouart a tort de s'en laisser effrayer :

Je l'ai quelque peu feuilleté : il m'ennuie. J'écrirais quelque chose de rudement mieux sur ce sujet — il me semble — même en me tenant au point de vue social ou médical.

J'étais surtout étonné de ne reconnaître ma « maladie » dans aucun des cas qu'il signale — et il prétend les signaler tous...

Voilà sans aucun doute le point de départ de *Corydon*, que Gide mettra quelque trente ans à publier et dont Rouart suivra parfois avec appréhension la gestation prolongée.

Toutefois, entre-temps, Rouart a lu le livre de Moll, comme il le déclare le 4 septembre :

Je l'ai acheté et lu avec avidité ; il est excessivenent intéressant, et son auteur, qui pourtant me déplaît parfois, me semble une intelligence ; — je ne t'en dis pas plus, nous en causerons ensemble[1].

---

1. Lettre de Rouart à Gide du 4 septembre 1894, inédite, conservée dans le Fonds Gide de la Bibliothèque littéraire Jacques Doucet.

Mais Gide n'a pas écrit son dernier mot à ce sujet ; car, en fait, il n'avait pas lu le livre en détail ; et quand il en aura terminé sa lecture, il sera amené à écrire, le 14 septembre :

Il est intéressant et a modifié, ou aidé à se modifier, mes idées. J'étais injuste d'abord, et quand je t'avais parlé d'ennui, c'est que je l'avais feuilleté presque à peine, très vite et négligemment.

Le livre est très bien fait, — mais il me semble qu'il ne différencie pas assez ces deux classes : les efféminés et les « autres » : il les mélange incessamment et rien n'est plus différent, plus contraire — car l'un est l'opposé de l'autre — car pour cette psychophysiologie, ce qui n'attire pas repousse, et l'une de ces deux classes fait horreur à l'autre[1].

Ce sera là un thème clé de la théorie gidienne de l'homosexualité et qui informera notamment *Corydon* : selon Gide, il existe des catégories différentes d'homosexuels — les efféminés et les autres — entre lesquelles règne une hostilité mutuelle.

Dans cette même lettre, Gide attire l'attention

1. Lettre de Gide à Rouart du 14 septembre 1894, inédite, conservée à la Bibliothèque nationale de France.

de son ami sur un piège qui guette l'amitié d'hommes comme eux. Après avoir souligné certaines classes d'homosexuels dont Moll omet de parler et que lui, Gide, s'attache à distinguer les unes des autres, il dit :

Ceci m'amène à cette affirmation que je regarde comme nécessaire. Aucune de mes amitiés jusqu'à présent n'a été mêlée d'aucun charme ou trouble sensuel. […]
Et ce qui était vrai hier est encore vrai aujourd'hui ; il importe d'affirmer cela pour que l'amitié n'en soit pas compromise, et qu'on ne sente pas en elle un principe de perdition. Je n'ose te demander aucun aveu à ce sujet, car s'il n'était pareil au mien, j'en aurais une peine infinie et commencerais *réellement à te plaindre. Alors, nous devrions tous les deux prendre garde.*

Or, Rouart était de tempérament peut-être ardent et sentimental, mais surtout ombrageux : cela ne lui plaisait pas de s'entendre parler de la sorte. A-t-il vécu les remarques de Gide comme une rebuffade ? On ne saurait l'affirmer. Quoi qu'il en soit, il se déclare contrarié tout d'abord par l'« égoïsme » — le mot est de lui — avec lequel Gide, ayant quant à lui-même conquis une certaine tranquillité d'esprit sur ces questions, s'esquive devant les « confessions » de son ami. Il lui en a coûté, à Rouart, de rouvrir des blessures anciennes dans l'intérêt de la franchise entre amis :

> *Il faut te rappeler que je suis plus jeune que toi et me pardonner mon manque de raisonnement et de sagesse, je suis un terrible agité ; — et un très mauvais caractère — puis [...] je ne suis pas politicien — il faut me pardonner mes maladresses.*
>
> *Toujours est-il que revenant de La Roque, j'ai eu une série de jours épouvantables, sautant d'un extrême à l'autre avec une grande violence*[1].

Là-dessus, lorsque Gide, de surcroît, le prévient contre un début de passion sexuelle à son égard qu'il aurait décelé chez son nouvel ami, Rouart prend grand soin de préciser qu'il n'en a jamais éprouvé les prémices. Toutefois, on n'échappe pas au soupçon qu'il proteste un peu trop fort et qu'il s'efforce avec un peu trop d'énergie d'égaler

---

1. Lettre de Rouart à Gide du 10 septembre 1894, inédite, conservée dans le Fonds Gide de la Bibliothèque littéraire Jacques Doucet.

l'équanimité supérieure dont Gide avait fait preuve à l'égard de ces impulsions instinctives :

> [... ta lettre...] *m'a beaucoup intéressé, elle m'a fait penser à des choses auxquelles j'avais déjà songé, [...] car je trouve sur mon cahier de notes ces mots écrits au commencement de ce mois : « Deux états à définir, amour psychique — amour sexuel ». C'est pourquoi sans nulle honte, ni même d'ennui, je peux, et il me plaît de te répondre.*
>
> *Sans m'en rendre compte peut-être, j'ai toujours fait une immense différence entre un amour intellectuel et un amour des sens [...] pour moi l'un cesse où l'autre commence et inversement*[1].

Tout cela est fait pour plaire à Gide. Cela dit, Rouart pourra continuer sur un ton bien viril, destiné, croirait-on, à réfuter l'accusation implicite d'être un de ces « efféminés » : « Je ne regrette pas ta lettre, qui fait naître cette explication, que d'abord je n'avais pas crue nécessaire mais que peut-être il vaut mieux avoir. » Suit une liste de ses qualités masculines : alors qu'il a toujours été

---

1. Lettre de Rouart à Gide du 20 septembre 1894, inédite, conservée dans le Fonds Gide de la Bibliothèque littéraire Jacques Doucet.

franc et sincère à l'endroit de Gide, il a su quand même cacher « la grande violence de [son] caractère, de [ses] pensées, de [ses] actes ». Toutefois, il se considère comme « un homme loyal, pour lequel peut se tendre l'estime de tous ». La preuve de cette franchise : « Dans tous les milieux où je suis passé j'ai fait naître parfois la haine, car je ne dissimule pas ma pensée. » Pourtant, l'homme viril qu'il est n'a jamais été un objet de « mépris » : « J'ai toujours été respecté même par ceux dont j'avais la haine ou qui avaient de l'aversion pour moi. »

Pour toute réponse, Gide s'empresse d'apaiser son ami :

C'est la lecture du livre allemand, qui me fit penser, à peut-être, une maladresse entre nous, à propos de tu sais quel grave sujet : en effet je ne me retrouvais pas dans ce livre, ou très rarement, et je ne savais pas si toi tu ne t'y reconnaîtrais non plus. Voilà tout, absolument tout, et tout est ainsi pour le mieux[1].

Cette mésentente ne doit pas pour autant nous laisser perdre de vue l'essentiel des lettres échan-

---

1. Lettre de Gide à Rouart du 23 septembre 1894, inédite, conservée à la Bibliothèque nationale de France.

gées par les deux jeunes gens au cours de l'hiver 1894-1895. Une amitié, qui durera jusqu'à la mort de Rouart, a été fortifiée à cette époque, et le fond de cette amitié est contenu dans une formule que lance Gide dans sa lettre du 14 septembre 1894. Gide tient surtout à ce que ni lui, ni Rouart, ni leur amitié, ni « l'idiosyncrasie » qu'ils partagent, ne soient l'objet d'aucun mépris ni de pitié :

[…] *la pitié qu'on nous donnerait, je ne l'accepterais pas : je dirais : reprenez-la ; je ne suis pas du tout misérable. Je me sens au contraire, sans cesse, plus joyeux que les autres hommes, et j'ai la prétention malgré tout d'avoir une vie en laquelle, plus tard, en m'y penchant pour m'y voir, je puisse me trouver beau.* […] *Je veux que, qui me comprendra, puisse se sentir fier d'être de mes amis. Je ne veux* pas avoir honte. *Mais, je le sens à présent, cher ami, il va nous falloir de bien robustes épaules, et des* convictions, car, tu le sais — je ne veux pas d'hypocrisie — elle est un suicide — et montre que nous *ignorons notre valeur.*

La suite de leur amitié sera dictée en grande partie par la façon dont Gide s'y prendra pour vivre sa vie selon ces beaux préceptes. Parfois Rouart trouvera difficile d'être à la hauteur de cet idéal, mais il aura eu le grand mérite d'avoir aidé Gide à le formuler.

David H. Walker,
professeur à l'université de Sheffield

Nous tenons à remercier Mme Catherine Gide de nous avoir aimablement autorisé à consulter et à publier des documents inédits de son père. De même nous sommes reconnaissant à feu M. Olivier Rouart, qui nous a généreusement autorisé à publier des lettres inédites de son père Eugène Rouart. Le *Harry Ransom Humanities Research Center*, Université du Texas à Austin, nous a permis de consulter et de reproduire des lettres d'André Gide conservées dans le Fonds *Carlton Lake*. Dans la préparation de l'édition de la *Correspondance* Gide-Rouart, des subventions du *Arts and Humanities Research Board*, du *Leverhulme Trust* et de la *Andrew Mellon Foundation* nous ont beaucoup aidé, ainsi que les encouragements généreux de Mme Catherine Gide et de M. Olivier Rouart.

Avant-propos	9
Préface	11
Le Ramier	19
Postface	33

Œuvres d'André Gide (suite)

LE PROCÈS, en collaboration avec Jean-Louis Barrault d'après le roman de Kafka.

Récits

ISABELLE.

LA TENTATIVE AMOUREUSE OU LE TRAITÉ DU VAIN DÉSIR.

LE RETOUR DE L'ENFANT PRODIGUE, *précédé de* LE TRAITÉ DU NARCISSE, *de* LA TENTATIVE AMOUREUSE, *d'*EL HADJ, *de* PHILOCTÈTE *et de* BETHSABÉE.

LE RETOUR DE L'ENFANT PRODIGUE.

LA SYMPHONIE PASTORALE (« Folio Plus », *n° 34*. Avec un dossier réalisé par Pierre Bourgeois).

LE VOYAGE D'URIEN.

L'ÉCOLE DES FEMMES.

L'ÉCOLE DES FEMMES *suivi de* ROBERT *et de* GENEVIÈVE.

ROBERT. Supplément à *L'École des femmes*.

GENEVIÈVE.

THÉSÉE.

Roman

LES FAUX-MONNAYEURS (« Folio Plus »), *n° 26*. Avec un dossier réalisé par Michel Domon).

Divers

SOUVENIRS DE LA COUR D'ASSISES.

MORCEAUX CHOISIS.

CORYDON.

INCIDENCES.

SI LE GRAIN NE MEURT.

JOURNAL DES FAUX-MONNAYEURS (« L'Imaginaire », *n° 331*).

VOYAGE AU CONGO. Carnets de route.

LE RETOUR DU TCHAD. Suite du *Voyage au Congo*. Carnets de route.

L'AFFAIRE REDUREAU *suivi de* FAITS DIVERS.

LA SÉQUESTRÉE DE POITIERS.

DIVERS : Caractères – Un esprit non prévenu – Dictées – Lettres.

PAGES DE JOURNAL (1929-1932).

NOUVELLES PAGES DE JOURNAL (1932-1935).

RETOUR DE L'U.R.S.S.

RETOUCHES À MON « RETOUR DE L'U.R.S.S. ».

JOURNAL (1889-1939).

DÉCOUVRONS HENRI MICHAUX.

INTERVIEWS IMAGINAIRES.

JOURNAL (1939-1942).

JOURNAL (1942-1949).

AINSI SOIT-IL OU LES JEUX SONT FAITS.

LITTÉRATURE ENGAGÉE. *Textes réunis et présentés par Yvonne Davet.*

ŒUVRES COMPLÈTES (15 volumes).

NE JUGEZ PAS : Souvenirs de la Cour d'Assises – L'Affaire Redureau – La Séquestrée de Poitiers.

LA SÉQUESTRÉE DE POITIERS *suivi de* L'AFFAIRE REDUREAU. Nouvelle édition (« Folio », *n° 977*).

DOSTOÏEVSKI. Articles et causeries.

VOYAGE AU CONGO – LE RETOUR DU TCHAD – RETOUR DE L'U.R.S.S. – RETOUCHES À MON « RETOUR DE L'U.R.S.S. » – CARNETS D'ÉGYPTE (« Biblos »).

Voir aussi Collectif, LE CENTENAIRE. *Avant-Propos de Claude Martin.*

Correspondance

CORRESPONDANCE AVEC FRANCIS JAMMES (1893-1938). *Préface et notes de Robert Mallet.*

CORRESPONDANCE AVEC PAUL CLAUDEL (1899-1926). *Préface et notes de Robert Mallet.*

CORRESPONDANCE AVEC PAUL VALÉRY (1890-1942). Préface et notes de Robert Mallet.

CORRESPONDANCE AVEC ANDRÉ SUARÈS (1908-1920). *Préface et notes de Sidney D. Braun.*

CORRESPONDANCE AVEC FRANÇOIS MAURIAC (1912-1950). *Introduction et notes de Jacqueline Morton.*

CORRESPONDANCE AVEC ROGER MARTIN DU GARD, I (1913-1934) et II (1935-1951). *Introduction par Jean Delay.*

CORRESPONDANCE AVEC HENRI GHÉON (1897-1944), I et II. *Édition de Jean Tipy ; introduction et notes de Anne-Marie Moulènes et Jean Tipy.*

CORRESPONDANCE AVEC DOROTHY BUSSY. *Édition de Jean Lambert et notes de Richard Tedeschi.*

   I. Juin 1918-décembre 1924.

   II. Janvier 1925-novembre 1936.

   III. Janvier 1937-janvier 1951.

CORRESPONDANCE AVEC JACQUES COPEAU. *Édition établie et annotée par Jean Claude. Introduction de Claude Sicard.*

   I. Décembre 1902-mars 1913.

   II. Mars 1913-octobre 1949.

CORRESPONDANCE AVEC JACQUES-ÉMILE BLANCHE (1892-1939). *Présentation et notes de Georges-Paul Collet.*

CORRESPONDANCE AVEC JEAN SCHLUMBERGER (1901-1950). *Édition établie par Pascal Mercier et Peter Fawcett.*

CORRESPONDANCE AVEC SA MÈRE (1880-1895). *Édition de Claude Martin. Préface d'Henri Thomas.*

CORRESPONDANCE AVEC VALERY LARBAUD (1905-1938). *Édition et introduction de Françoise Lioure.*

CORRESPONDANCE AVEC JEAN PAULHAN (1918-1951). *Édition établie et annotée par Frédéric Grover et Pierrette Schartenberg-Winter.*

CORRESPONDANCE AVEC JACQUES RIVIÈRE (1909-1925). *Édition établie, présentée et annotée par Pierre Gaulmyn et Alain Rivière.*

CORRESPONDANCE AVEC ÉLIE ALLÉGRET (1886-1896). L'ENFANCE DE L'ART. *Édition établie, présentée et annotée par Daniel Durosay.*

CORRESPONDANCE AVEC JEAN PAULHAN (1918-1951). *Édition de Frédéric Grover et Pierre Schartenberg-Winter. Préface de Dominique Aury.*

Dans la « Bibliothèque de La Pléiade »

JOURNAL, I (1887-1925). *Nouvelle édition établie, présentée et annotée par Éric Marty (1996).*

JOURNAL, II (1926-1950). *Nouvelle édition établie, présentée et annotée par Martine Sagaert (1997).*

ANTHOLOGIE DE LA POÉSIE FRANÇAISE. *Édition d'André Gide.*

ROMANS, RÉCITS ET SOTIES – ŒUVRES LYRIQUES. *Introduction de Maurice Nadeau, notices par Jean-Jacques Thierry et Yvonne Davet.*

ESSAIS CRITIQUES. *Édition présentée, établie et annotée par Pierre Masson.*

SOUVENIRS ET VOYAGES. *Édition de Pierre Masson avec la collaboration de Daniel Durosay et Martine Sagaert.*

Chez d'autres éditeurs

ESSAI SUR MONTAIGNE.
NUMQUID ET TU ?
L'IMMORALISTE.
LA PORTE ÉTROITE.
PRÉTEXTES.
NOUVEAUX PRÉTEXTES.
OSCAR WILDE. In Memoriam – De Profundis.
UN ESPRIT NON PRÉVENU.
FEUILLETS D'AUTOMNE.

*Achevé d'imprimer
par l'Imprimerie Floch
à Mayenne, le 31 octobre 2002.
Dépôt légal : octobre 2002.
1er dépôt légal : août 2002.
Numéro d'imprimeur : 55621.*
ISBN 2-07-076691-8 / Imprimé en France.

121558